卞尺丹几乙し丹卞と

Translated Language Learning

Prince Hyacinth and the Dear Little Princess

Принц Гиацинт и милая маленькая принцесса

Jeanne-Marie Leprince de Beaumont

English / Русский

Copyright © 2023 Tranzlaty
All rights reserved
Published by Tranzlaty
ISBN: 978-1-83566-088-1
Original text by Jeanne-Marie Leprince de Beaumont
Le Prince Désir
First published in French in 1756
Taken from The Blue Fairy Book (Andrew Lang)
www.tranzlaty.com

Once upon a time there lived a king
Жил-был король
this king was deeply in love with a princess
Этот король был глубоко влюблен в принцессу
but she could not marry anyone
Но она не могла выйти замуж ни за кого
because she had been enchanted
потому что она была заколдована;
So the King set out to seek a fairy
Поэтому король отправился на поиски феи
he asked how he could win the Princess's love
он спросил, как ему завоевать любовь принцессы
The Fairy said to him, "You know that the Princess has a great cat"
Фея сказала ему: «Ты знаешь, что у принцессы есть отличная кошка».
"she is very fond of this cat"
«Она очень любит эту кошку»
"and there is a man she is destined to marry"
«И есть мужчина, за которого ей суждено выйти замуж»
"Whoever is clever enough to tread on her cat's tail"
«Тот, кто достаточно умен, чтобы наступить на хвост своей кошке»
"that is the man she will marry"
«Это мужчина, за которого она выйдет замуж»

he thanked the fairy and left
Он поблагодарил фею и ушел
"this should not be so difficult" the king thought to himself
«Это не должно быть так сложно», — подумал про себя король;
he would do more than step on the cat's tail
Он сделал бы больше, чем просто наступил бы кошке на хвост
he was determined to grind the cat's tail into powder
Он был полон решимости стереть кошачий хвост в порошок
soon he went to see the Princess
вскоре он отправился к принцессе
of course really he wanted to see the cat
Конечно, очень он хотел увидеть кота
as usual, the cat walked around in front of him
Как обычно, кот ходил перед ним
he arched his back and miowed
Он выгнул спину и мяукнул
The King took a long step towards the cat
Король сделал длинный шаг к коту
and he thought he had the tail under his foot
И он думал, что у него хвост под ногой
but the cat made a sudden move
Но кот сделал резкое движение
and the king trod on nothing but air
И царь не ступал ни на что, кроме воздуха
so it went on for eight days
Так продолжалось восемь дней
the King began to think the cat knew his plan
Король начал думать, что кот знает его план
his tail was never still for a moment
Его хвост ни на мгновение не остановился

At last, however, the king was in luck
В конце концов, однако, королю повезло
he had found the cat fast asleep
Он нашел кошку крепко спящей

and his tail was conveniently spread out
и хвост у него был удобно расставлен
the king did not lose any time before he acted
Король не терял времени, прежде чем действовать
and he put his foot right on the cat's tail
И он поставил ногу прямо на хвост кота
With one terrific yell the cat sprang up
С одним страшным криком кот вскочил
the cat instantly changed into a tall man
Кот мгновенно превратился в высокого мужчину
he fixed his angry eyes upon the King
он устремил свой гневный взор на короля
"You shall marry the Princess"
«Ты женишься на принцессе»
"because you have been able to break the enchantment"
«Потому что ты смог разрушить чары»
"but I will have my revenge"
"но я отомщу"
"You shall have a son"
«У тебя будет сын»
"but you will not have a happy son"
«Но у тебя не будет счастливого сына»
"the only way he can be happy is if finds out that his nose is too long"
«Он может быть счастлив только в том случае, если узнает, что его нос слишком длинный»
"but you can't tell anyone about this"
"Но об этом никому не расскажешь"
"if you tell anyone, you shall vanish away instantly"
«Если скажешь кому-нибудь, то тотчас исчезнешь»
"and no one shall ever see you or hear of you again"
«И никто никогда не увидит тебя и не услышит о тебе»
the King was afraid of the enchanter
Царь боялся чародея
but he could not help laughing at this threat
Но он не мог удержаться от смеха над этой угрозой
"If my son has such a long nose, he is bound to see it"

«Если у моего сына такой длинный нос, он обязательно это увидит»
"unless he is blind" he said to himself
«Если только он не слепой», — сказал он себе;
But the enchanter had already vanished
Но чародей уже исчез
so he did not waste any more time in thinking
Так что он больше не терял времени на размышления
instead he went to seek the Princess
вместо этого он отправился на поиски принцессы
and very soon she consented to marry him
И очень скоро она согласилась выйти за него замуж

the king did not have much from his marriage, however
Однако от женитьбы у короля было не так много
they had not been married long when the King died
они не были женаты долго, когда король умер
and the Queen had nothing left to care for but her little son
и королеве не о чем было заботиться, кроме своего маленького сына
she had called him Hyacinth
она назвала его Гиацинтом
The little Prince had large blue eyes
У Маленького принца были большие голубые глаза
they were the prettiest eyes in the world
Это были самые красивые глаза в мире
and he had a sweet little mouth
и у него был сладкий маленький рот
but, alas! his nose was enormous
Но, увы! Нос у него был огромный;
it covered half his face
Она закрывала половину его лица
The Queen was inconsolable when she saw his great nose
Королева была безутешна, когда увидела его огромный нос
her ladies tried to comfort the queen
Ее дамы пытались утешить королеву
"it is not really as large as it looks"

«На самом деле он не такой большой, как кажется»
"it is an admirable Roman nose"
«это замечательный римский нос»
"all the great heroes had large noses"
«У всех великих героев были большие носы»
The Queen was devoted to her baby
Королева была предана своему ребенку
and she was pleased with what they told her
И она была довольна тем, что ей сказали
she looked at Hyacinth again
она снова посмотрела на Гиацинта
and his nose didn't seem so large anymore
И его нос больше не казался таким большим
The Prince was brought up with great care
Князь воспитывался с большой тщательностью
they waited for him to be able to speak
Они ждали, когда он сможет говорить
and then they started to tell him all sorts of stories:
А потом ему начали рассказывать всякие истории:
"don't trust people with short noses"
«Не доверяйте людям с короткими носами»
"big noses are a sign of intelligence"
«Большие носы — признак интеллекта»
"short nosed people don't have a soul"
«У короткоосых людей нет души»
they said anything they could think of to praise his big nose
Они говорили все, что могли придумать, чтобы похвалить его большой нос
only those with similar noses were allowed to come near him
Только тем, у кого были похожие носы, разрешалось приближаться к нему
the courtiers even pulled their own babies' noses
Придворные даже рвали своих младенцев за нос
they thought this would get them into favour with the Queen
они думали, что это принесет им благосклонность королевы
But pulling their noses didn't help much

Но дергание за нос не сильно помогло
their noses wouldn't grow as big as the prince's
Их носы не вырастут такими большими, как у принца
When he grew sensible he learned history
Когда он стал здравомыслящим, он выучил историю
great princes and beautiful princesses were spoken of
Говорили о великих князьях и прекрасных принцессах
and his teachers always took care to tell him that they had long noses
И его учителя всегда заботились о том, чтобы сказать ему, что у них длинные носы
His room was hung with pictures of people with very large noses
Его комната была увешана фотографиями людей с очень большими носами
and the Prince grew up convinced that a long nose was a thing of beauty
и принц вырос, убежденный, что длинный нос - это красота
he would not have liked to have had a shorter nose
Он не хотел бы, чтобы у него был более короткий нос

soon the prince would be twenty
Скоро принцу исполнится двадцать лет
so the Queen thought it was time that he got married
поэтому королева подумала, что ему пора жениться
she brought several portraits of the princesses for him to see
Она принесла ему несколько портретов принцесс
and among the portraits was a picture of the dear little Princess!
и среди портретов была фотография милой маленькой принцессы!
it should be mentioned that she was the daughter of a great king
Следует отметить, что она была дочерью великого короля
some day she would possess several kingdoms herself
Когда-нибудь она сама будет владеть несколькими королевствами

but Prince Hyacinth didn't think so much about this
но принц Гиацинт не так много думал об этом
he was most of all struck with her beauty
Больше всего его поразила ее красота
however, she had a little button nose
Однако у нее был маленький носик-пуговка
but it was was the prettiest nose possible
Но это был самый красивый нос из возможных
the courtiers had gotten into a habit of laughing at little noses
Придворные привыкли смеяться над маленькими носиками
it was very embarrassing when they laughed at the princess' nose
Было очень неловко, когда они смеялись над носом принцессы
the prince did not appreciate this at all
Князь этого совершенно не оценил
he failed to see the humour in it
Он не увидел в этом юмора
in fact, he banished two of his courtiers
Фактически, он изгнал двух своих придворных
because they mentioned the princess' little nose
потому что они упомянули маленький носик принцессы
The others took this as a warning
Остальные восприняли это как предупреждение
they learned to think twice before they spoke
Они научились думать дважды, прежде чем говорить
and they one even went so far as to redefine beauty
И они даже зашли так далеко, что переосмыслили красоту
"a man is nothing without a big fat nose"
«Мужчина ничто без большого толстого носа»
"but a woman's beauty is very different"
«Но женская красота совсем другая»

he knew a learned man who understood Greek
он знал ученого человека, который понимал по-гречески
apparently the beautiful Cleopatra herself had a little nose!

видимо у самой прекрасной Клеопатры был маленький нос!

The Prince gave him a nice present as a reward for the good news
Принц преподнес ему приятный подарок в награду за благую весть

he sent ambassadors to her castle
Он отправил послов в ее замок

they asked the dear little Princess to marry the prince
они попросили милую маленькую принцессу выйти замуж за принца

The King, her father, gave his consent
Король, ее отец, дал свое согласие

Prince Hyacinth immediately went to meet her
Принц Гиацинт немедленно отправился ей навстречу

he advanced to kiss her hand
Он подошел, чтобы поцеловать ее руку

but suddenly there was a burst of smoke
Но вдруг раздался взрыв дыма

all that were there gasped in astonishment
Все, кто был там, ахнули от изумления

the enchanter had appeared as suddenly as a flash of lightning
Чародей появился так же внезапно, как вспышка молнии

he snatched up the dear little Princess
он схватил милую маленькую принцессу

and he whirled her away out of sight!
И он увел ее с глаз долой!

The Prince was left quite inconsolable
Принц остался совершенно безутешным
nothing could induce him to go back to his kingdom
ничто не могло заставить его вернуться в свое королевство
he had to find her again
Он должен был найти ее снова
but he refused to allow any of his courtiers to follow him
Но он не позволил никому из своих придворных следовать за ним
he mounted his horse and rode sadly away
Он сел на лошадь и грустно поскакал прочь
and he let the animal choose which path to take
И он позволил животному выбирать, по какому пути идти

he rode all the way to a great valley
Он проехал весь путь до великой долины
he rode across it all day long
Он ехал по нему целыми днями
and all day he didn't see a single house
И весь день он не видел ни одного дома
the horse and rider were terribly hungry
Лошадь и всадник были ужасно голодны
as the night fell, the Prince caught sight of a light
С наступлением ночи принц увидел свет
it seemed to shine from a cavern
казалось, что он сияет из пещеры
He rode up to the light
Он подъехал к свету
there he saw a little old woman
Там он увидел маленькую старушку
she appeared to be at least a hundred years old
На вид ей было не менее ста лет
She put on her spectacles to look at Prince Hyacinth
Она надела очки, чтобы посмотреть на принца Гиацинта
it was quite a long time before she could secure her spectacles
Прошло довольно много времени, прежде чем она смогла надеть очки
because her nose was very short!
потому что нос у нее был очень короткий!
so when they saw each other they burst into laughter
поэтому, увидев друг друга, они рассмеялись
"Oh, what a funny nose!" they exclaimed at the same time
«О, какой забавный нос!» — воскликнули они при этом
"it's not as funny as your nose" said Prince Hyacinth to the Fairy
— Это не так смешно, как твой нос, — сказал Принц Гиацинт Фее;
(because a fairy is what she was)
(потому что фея - это то, чем она была)
"madam, I beg you to leave the consideration of our noses"

«Мадам, я прошу вас оставить рассмотрение наших носов»
"even though your nose is very funny"
«Хоть нос у тебя очень смешной»
"be good enough to give me something to eat"
«Будь достаточно любезен, чтобы дать мне что-нибудь поесть»
"I had ridden all day and I am starving"
«Я ехал весь день и умираю с голоду»
"and my poor horse is starving too"
«И моя бедная лошадь тоже голодает»
the fairy replied to the prince
— ответила фея принцу
"your nose really is very ridiculous"
«Твой нос действительно очень смешной»
"but you are the son of my best friend"
«Но ты сын моего лучшего друга»
"I loved your father as if he had been my brother"
«Я любил твоего отца, как если бы он был моим братом»
"your father had a very handsome nose!"
— У твоего отца был очень красивый нос!
the prince was baffled at what the fairy said
Принц был сбит с толку тем, что сказала фея
"what does my nose lack?"
«Чего не хватает моему носу?»
"Oh! it doesn't lack anything" replied the Fairy
«О! он ни в чем не нуждается, — ответила Фея;
"On the contrary!"
— Наоборот!
"there is too much of your nose!"
«Слишком много твоего носа!»
"But never mind about noses"
«Но не обращайте внимания на носы»
"one can be a very worthy man despite your nose being too long"
«Можно быть очень достойным мужчиной, несмотря на то, что у тебя слишком длинный нос»
"I was telling you that I was your father's friend"

«Я говорил тебе, что я друг твоего отца»
"he often came to see me in the old times"
«Он часто приходил ко мне в старые времена»
"and you must know that I was very pretty in those days"
«И вы должны знать, что я была очень красивой в те дни»
"at least, he used to say so"
"По крайней мере, он так говорил"
"the last time I saw him there was a conversation we had"
«В последний раз, когда я видел его, у нас был разговор»
"I would like to tell you of this conversation"
«Я хотел бы рассказать вам об этом разговоре»
"I would love to hear it" said the Prince
«Я хотел бы это услышать», — сказал принц;
"but let us please eat first"
«Но давайте, пожалуйста, сначала поедим»
"I have not eaten anything all day"
«Я ничего не ел весь день»
"The poor boy is right" said the Fairy
— Бедный мальчик прав, — сказала Фея.
"Come in, and I will give you some supper"
«Войдите, и я дам вам ужин»
"while you are eating I can tell you my story"
«Пока ты ешь, я могу рассказать тебе свою историю»
"it is a story of very few words"
«Это очень немногословная история»
"because I don't like stories that go on for ever"
«Потому что мне не нравятся истории, которые продолжаются вечно»
"Too long a tongue is worse than too long a nose"
«Слишком длинный язык хуже, чем слишком длинный нос»
"when I was young I was admired for not being a great chatterer"
«когда я был молод, мной восхищались за то, что я не был великим болтуном»
"They used to tell the Queen, my mother, that it was so"
«Они говорили королеве, моей матери, что это так»
"you see what I am now"

«Ты видишь, кем я являюсь сейчас»
but I was the daughter of a great king"
«Но я была дочерью великого царя»
My father..."
Мой отец...»
"Your father got something to eat when he was hungry!"
interrupted the Prince
«Твой отец приготовил что-нибудь поесть, когда был голоден!» — перебил принц
"Oh! certainly" answered the Fairy
«О! - Конечно, - ответила Фея
"and you also shall have supper too"
«И ты тоже будешь ужинать»
"I just wanted to tell you..." she continued
«Я просто хотел сказать тебе...» Она продолжила
"But I really cannot listen until I have had something to eat"
«Но я действительно не могу слушать, пока не съел что-нибудь»
the Prince was getting quite angry
принц очень разозлился
but he remembered he had better be polite
Но он вспомнил, что ему лучше быть вежливым
he really needed the Fairy's help
он очень нуждался в помощи Феи
"in the pleasure of listening to you I might forget my own hunger"
«С удовольствием слушая тебя, я мог бы забыть о своем голоде»
"but my horse cannot understand you"
«Но моя лошадь не может тебя понять»
"he must have some food!"
«У него должна быть еда!»
The Fairy was very much flattered by this compliment
Фея была очень польщена этим комплиментом
and she called to her servants
И она позвала своих слуг
"You shall not wait another minute"

«Не жди больше ни минуты»
"you really are very polite"
«Вы действительно очень вежливы»
"and in spite of the enormous size of your nose you are really very nice"
«И, несмотря на огромные размеры твоего носа, ты действительно очень милый»
"curse the old lady!" said the Prince to himself
«Будь проклята старушка!» — сказал себе принц
"she won't stop going on about my nose!"
«Она не перестанет говорить о моем носу!»
"it's as if my nose had taken all the length her nose lacks!"
«Как будто мой нос занял всю длину, которой не хватает ее носу!»
"If I were not so hungry I would leave this chatterpie"
«Если бы я не был так голоден, я бы оставил эту болтуну»
"she even thinks she talks very little!"
«Она даже думает, что очень мало говорит!»
"why can stupid people not to see their own faults!"
«Почему глупые люди могут не видеть собственных недостатков!»
"That is what happens when you are a princess"
«Вот что происходит, когда ты принцесса»
"she has been spoiled by flatterers"
«Она была избалована льстецами»
"they have made her believe that she is a moderate talker!"
«Они заставили ее поверить, что она умеренная болтунья!»

Meanwhile, the servants were putting the supper on the table
Тем временем слуги ставили ужин на стол
the fairy asked them a thousand questions
Фея задала им тысячу вопросов
the prince found this very amusing
Принцу это показалось очень забавным
because really she just wanted to hear herself speak
Потому что на самом деле она просто хотела услышать, как

она говорит
there was one maid the prince especially noticed
Была одна служанка, которую принц особенно заметил
she always found a way to praise her mistress's wisdom
Она всегда находила способ похвалить мудрость своей хозяйки
as he ate his supper he thought, "I'm very glad I came here"
Когда он ужинал, он подумал: «Я очень рад, что пришел сюда»
"This shows me how sensible I have been"
«Это показывает мне, насколько разумным я был»
"I have never listened to flatterers"
«Я никогда не слушал льстецов»
"People of that sort praise us to our faces without shame"
«Такие люди восхваляют нас в лицо без стыда»
"and they hide our faults"
"и они скрывают наши недостатки"
"or they change our faults into virtues"
«Или они превращают наши недостатки в добродетели»
"I will never believe people who flatter me"
«Я никогда не поверю людям, которые мне льстят»
"I know my own defects, I hope"
«Я знаю свои собственные недостатки, надеюсь»
Poor Prince Hyacinth really believed what he said
Бедный принц Гиацинт действительно верил в то, что говорил
he didn't know that the people laughed at him
Он не знал, что народ смеялся над ним
they praised his nose when they were with him
Они хвалили его нос, когда были с ним
but when he wasn't there, they mocked his nose
Но когда его не было, они издевались над его носом
and the Fairy's maid were laughing at her the same way
и служанка Феи точно так же смеялась над ней
the Prince had seen one of the maids laugh slyly
Принц видел, как одна из служанок лукаво смеялась
she thought she could do so without the Fairy noticing her

она думала, что сможет сделать это так, чтобы Фея не заметила ее

However, he said nothing
Однако он ничего не сказал
and his hunger was beginning to be appeased
и его голод начал утоляться
soon the fairy started speaking again
Вскоре фея снова заговорила
"My dear Prince, would you please move a little more that way"
«Мой дорогой принц, не могли бы вы двигаться еще немного в этом направлении»
"your nose casts a very long shadow"
«Твой нос отбрасывает очень длинную тень»
"I really cannot see what I have on my plate"
«Я действительно не могу видеть, что у меня на тарелке»

the prince proudly obliged the fairy
Принц с гордостью поблагодарил фею
"Now let us speak of your father"
«Теперь давайте поговорим о твоем отце»
"When I went to his Court he was only a young man"
«Когда я пошел к нему ко двору, он был всего лишь молодым человеком»
"but that was some years ago"
«Но это было несколько лет назад»
"I have been in this desolate place ever since"
«С тех пор я нахожусь в этом пустынном месте»
"Tell me what goes on nowadays"
«Расскажи мне, что происходит в наши дни»
"are the ladies as fond of amusement as ever?"
— Дамы так же любят развлечения, как и всегда?
"In my time I saw them at parties every day"
«В свое время я видел их на вечеринках каждый день»
"Goodness me! what a long nose you have!"
«Боже мой! Какой у тебя длинный нос!
"I cannot get used to it!"
«Я не могу привыкнуть к этому!»
"Please, madam" said the Prince
— Пожалуйста, мадам, — сказал принц
"I wish you would refrain from mentioning my nose"
«Я бы хотел, чтобы вы воздержались от упоминания моего носа»
"It cannot matter to you what it is like"
«Для вас не имеет значения, на что это похоже»
"I am quite satisfied with it"
«Меня это вполне устраивает»
"and I have no wish to have a shorter nose"
«и у меня нет желания иметь более короткий нос»
"One must take what one is given"
«Надо брать то, что тебе дают»
"Now you are angry with me, my poor Hyacinth" said the Fairy

— Теперь ты сердишься на меня, мой бедный Гиацинт, — сказала Фея

"I assure you that I didn't mean to vex you"
«Уверяю вас, что я не хотел вас раздражать»
"it is on the contrary; I wished to do you a service"
«Это наоборот; Я хотел оказать тебе услугу»
"I cannot help your nose being a shock to me"
«Я ничего не могу поделать с твоим носом, который меня шокирует»
"so I will try not to say anything about it"
"так что я постараюсь ничего не говорить об этом"
"I will even try to think that you have an ordinary nose"
«Я даже попробую думать, что у тебя обычный нос»
"but I must tell you the truth"
«Но я должен сказать вам правду»
"you could make three reasonable noses out of your nose"
«Вы могли бы сделать из своего носа три разумных носа»
The Prince was no longer hungry
Принц больше не был голоден
he had grown impatient at the Fairy's continual remarks about his nose
он стал нетерпеливым из-за постоянных замечаний Феи о его носе
finally he jumped back upon his horse
Наконец он вскочил на лошадь
and he rode hastily away
И он поспешно поскакал прочь
But wherever he came in his journey he thought the people were mad
Но куда бы он ни приезжал в своем путешествии, он думал, что люди сошли с ума
because they all talked of his nose
потому что все они говорили о его носе
and yet he could not bring himself to admit that it was too long
И все же он не мог заставить себя признать, что это было слишком долго

he was used to always being called handsome
Он привык к тому, что его всегда называют красавцем

The old Fairy wished to make the prince happy
Старая Фея пожелала порадовать принца
and at last she decided on a suitable plan
И, наконец, она определилась с подходящим планом
she built a palace made of crystal
Она построила дворец из хрусталя
and she shut the dear little Princess up in the palace
и она заперла дорогую маленькую принцессу во дворце
and she put this palace where the Prince would not fail to find it
и она поставила этот дворец там, где принц не преминет его найти
His joy at seeing the Princess again was extreme
Его радость от того, что он снова увидел принцессу, была чрезвычайно сильной;
and he set to work with all his might to try to break her prison
И он принялся за работу изо всех сил, чтобы попытаться прорвать ее тюрьму
but in spite of all his efforts he failed
Но, несмотря на все его усилия, он потерпел неудачу
he despaired at his situation
Он впал в отчаяние из-за своего положения
but perhaps he could at least speak to the dear little Princess
но, возможно, он мог бы, по крайней мере, поговорить с дорогой маленькой принцессой
meanwhile the princess stretched out her hand
Тем временем принцесса протянула руку
she held her hand out so that he could kiss her hand
Она протянула руку, чтобы он мог поцеловать ее руку
he turned his lips in every direction
Он повернул губы во все стороны
but he never managed to kiss the princess' hand
Но ему так и не удалось поцеловать руку принцессы

because his long nose always prevented it
потому что его длинный нос всегда мешал этому
For the first time he realized how long his nose really was
Впервые он понял, насколько длинным на самом деле был его нос
"well, it must be admitted that my nose is too long!"
«Ну, надо признать, что нос у меня слишком длинный!»
In an instant the crystal prison flew into a thousand splinters
В одно мгновение хрустальная тюрьма разлетелась на тысячу осколков
and the old Fairy took the dear little Princess by the hand
и старая Фея взяла милую маленькую принцессу за руку
"you may disagree with me, if you like"
«Вы можете не соглашаться со мной, если хотите»
"it did not do much good for me to talk about your nose!"
«Мне не принесло много пользы говорить о твоем носе!»
"I could have talked about your nose for days"
«Я мог бы говорить о твоем носе несколько дней»
"you would never have found out how extraordinary it was"
«Вы бы никогда не узнали, насколько это было необычно»
"but then it hindered you from doing what you wanted to"
«Но тогда это мешало тебе делать то, что ты хотел»
"You see how self-love keeps us from knowing our own defects"
«Вы видите, как любовь к себе удерживает нас от осознания собственных недостатков»
"the defects of the mind, and body"
«дефекты ума и тела»
"Our reasoning tries in vain to show us our defects"
«Наши рассуждения тщетно пытаются показать нам наши недостатки»
"but we refuse to see our flaws"
«Но мы отказываемся видеть свои недостатки»
"we only see them when they get in the way"
«Мы видим их только тогда, когда они мешают»
now Prince Hyacinth's nose was just like everyone else's
теперь нос принца Гиацинта был таким же, как у всех

остальных
he did not fail to profit by the lesson he had received
Он не преминул извлечь пользу из полученного урока
He married the dear little princess
Он женился на милой маленькой принцессе
and they lived happily ever after
И жили они долго и счастливо

The End / Конец

www.ingramcontent.com/pod-product-compliance
Lightning Source LLC
Chambersburg PA
CBHW011955090526
44591CB00020B/2783